PÉTITION

DES

COMMIS DE L'ENREGISTREMENT

Le dépôt en a été effectué à la Chambre, par
M. JOURNAULT, député de Seine-et-Oise,
le 23 novembre 1878.

PARIS

IMPRIMERIE ADOLPHE REIFF
9, PLACE DU COLLÉGE DE FRANCE, 9

1878

A MM. LES CONSERVATEURS DES HYPOTHÈQUES

& Receveurs de l'Enregistrement

En mon nom et en celui de mes camarades, je suis heureux de remercier les nombreux Conservateurs des Hypothèques et Receveurs de l'Enregistrement qui ont applaudi à notre pétition et nous ont témoigné leur sympathie par leurs vifs encouragements.

Je les prie de vouloir bien agréer l'hommage de notre commune reconnaissance.

FLAVIER.

RECOMMANDATION

» Pas de droits sans devoirs ; pas de devoirs sans droits. »

Telle doit être la devise des *vrais* républicains.

Or, comme la profession de commis de l'Enregistrement impose des *devoirs* à ceux qui l'embrassent, la majorité républicaine de la Chambre des Députés ne saurait méconnaître leurs *droits*.

En conséquence, chaque *commis* devra, aussitôt la réception du présent exemplaire, se mettre en rapport avec son représentant et le prier d'user de son pouvoir *pour revendiquer ces droits par tous les moyens possibles, même par une proposition de loi, si besoin est*. D'ailleurs, comme il ne s'agit pas ici d'une faveur ni d'un privilége, il est à souhaiter qu'un débat public s'ouvre au Parlement sur cette question.

Si, par impossible, la Chambre n'écoutait pas les plaintes des commis de l'Enregistrement, ceux-ci devraient se résoudre à former entre eux une association civile et commerciale qui aurait deux buts :

Le premier, de secourir ceux de ses membres qui tomberaient dans le malheur ;

Et le deuxième, de revendiquer quand même leurs droits par la publication d'un journal périodique.

FLAVIER.

Nota. — Prière à mes collègues de me tenir au courant de leurs démarches et de prévenir les commis qui n'auraient pas reçu d'exemplaire de la Pétition, que j'en tiens un, gratuitement, à leur disposition, pour qu'ils puissent agir individuellement dans l'intérêt commun.

A MONSIEUR LE PRÉSIDENT

ET

A MESSIEURS LES MEMBRES

DE LA CHAMBRE DES DÉPUTÉS

———

MONSIEUR LE PRÉSIDENT,

MESSIEURS LES DÉPUTÉS,

Au moment où le gouvernement s'occupe avec tant de sollicitude du bien être du peuple ;

Au moment où la classe laborieuse qui a la plus entière confiance en vous, attend, avec anxiété, de votre dévouement à sa cause, les réformes sociales dont le besoin urgent se fait le plus vivement sentir ;

Au moment enfin qui nous paraît le plus opportun pour l'étude de ces réformes, nous avons l'honneur d'appeler votre attention sur la situation qui est faite à environ *trois mille honnêtes travailleurs*, perdus et disséminés dans chacun des cantons du territoire de la République.

Nous voulons parler d'une catégorie de petits employés, presque inconnus et cependant dignes d'intérêt :

Ce sont les commis de l'Enregistrement.

Ces employés ne font pas partie de l'Administration et ne sont admis dans ses bureaux qu'à titre d'étrangers (Ordonnance du 19 janvier 1830; — Décision ministérielle du 19 septembre 1834, mise à exécution à partir du 1er janvier 1835; et Ordonnance du 8 janvier 1846).

Autrefois, sous l'empire de la loi du 27 mars 1791 et de l'arrêté du 12 septembre 1806, ils étaient admissibles à tous les emplois, sur la production, après deux années de surnumérariat, d'un certificat constatant qu'ils pouvaient fournir un cautionnement de 1200 fr.

Aujourd'hui que le diplôme de bachelier est exigé, c'est-à-dire depuis 1835, l'entrée de l'administration leur est interdite.

Ce sont des déclassés, comme le fait très-judicieusement remarquer M. Garnier (ancien employé supérieur de l'Enregistrement, ancien député, et actuellement conseiller-maître à la Cour des Comptes), dans le n° 4088, § 4 de son Répertoire périodique.

Voici, en effet, en quels termes il s'exprime :

«......Le travail du bureau est lourd, absorbant et ne leur (les commis) permet guère d'occupations extérieures. »

« En échange que reçoivent-ils ? un salaire au mois, dont ils ne sont pas assurés, puisqu'ils dépendent d'un caprice, d'un changement de comptable, d'un décès, etc. *Leur vie au jour le jour en fait des employés nomades*, passant d'un bureau dans l'autre suivant les nécessités de l'existence. Presque toujours aux prises avec le besoin, et sans certitude du lendemain, ils arrivent à l'âge du repos, après un labeur incessant, sans la moindre économie. »

« Et quelle misère si, durant tout ce temps, une maladie survient, si la famille augmente !... »

Vacherot a pu dire avec raison que l'« **Employé, en général, est plus indépendant que le domestique et moins que l'ouvrier.** » Mais que n'aurait-il pas dit du commis de l'Enregistrement, s'il en avait seulement soupçonné l'existence?

A l'inverse des autres employés, celui-ci ne choisit pas sa carrière : elle lui est impérativement imposée par les circonstances. Voici comment :

Le plus grand nombre des bureaux de l'Enregistrement sont tellement surchargés de travail, qu'il est matériellement impossible aux receveurs de satisfaire aux exigences de leur service.

Pour y suppléer, ils ont recours à la collaboration de jeunes gens de 13, 14 et 15 ans, qu'ils rétribuent de leurs deniers personnels, largement, eu égard à leur inhabileté.

Après quelques années de travail, ces jeunes gens rendent déjà de grands services aux receveurs et, en général, deviennent par la suite des employés très-expérimentés. **Malheureusement, leurs patrons, volontairement ou involontairement, oublient de leur signaler l'écueil contre lequel, tôt ou tard, leur avenir viendra fatalement se briser.**

En revanche, **ils n'omettent jamais de leur faire entrevoir une augmentation de traitement** qui, de cinquante ou soixante francs par mois, monte graduellement jusqu'à cent, cent vingt-cinq et même cent cinquante francs par mois.

Sauf de très-rares exceptions, c'est là le maximum où ils puissent atteindre.

Nous sommes les premiers à reconnaître que, pour un jeune homme de 18 ans, un gain mensuel de cent francs est un beau denier ; surtout si nous comparons ce jeune homme avec ses anciens camarades de classe qui, se trouvant encore en apprentissage, ne gagnent absolument rien. Mais l'expérience nous a surabondamment démontré que ce prétendu avantage est bien plus apparent que réel et que la position de commis de l'Enregistrement n'offre, en définitive, *aucune des garanties de durée et de stabilité qui pourraient* **la rendre supportable.**

Cette position n'offre au contraire d'autre perspective, *qu'une série sans fin de perplexités, de vicissitudes et de tribulations.*

Nous voudrions de grand cœur qu'il en fût autrement ; mais hélas !...

Pour mieux nous faire comprendre, nous croyons utile de faire l'histoire d'un de ces déclassés qui, sans contredit, est celle de presque tous ; mais, pour ne pas interrompre cet exposé, nous plaçons cette histoire dans une note supplémentaire (voir à la fin).

Que d'infortunés ont succombé à la tâche et sont morts de faim !...

Que de probité ne leur a-t-il pas fallu, dans leur détresse, pour résister à la tentation de l'or qui les entourait !

Combien en avons-nous connus, nous, de ces pauvres malheureux, qui avaient été très-recherchés jadis et qui, après avoir rempli avec zèle, honnêteté et dévouement, pendant 25 ou 30 ans, une tâche aussi ingrate et aussi ardue, se sont trouvés sans asile *et n'ont eu d'autre ressource que de vivre* **d'aumônes.**

Leur probité ne les avait mis à l'abri des articles 270 et 274 du code pénal, relatifs au vol et à l'abus de confiance, que pour les jeter fatalement sous les coups des articles 381 et 408 du même code, qualifiant le vagabondage et la mendicité !...

En voyant le sort qui attend ces pauvres employés, on pourrait croire qu'ils sont sans valeur, qu'ils ne sont bons à rien. Ce serait une erreur, *attendu que les connaissances qu'on* exige d'eux *nécessitent une sorte de stage de plusieurs années* (répertoire périodique de Garnier. n° 4088-4).

La plus grande partie du travail et souvent la plus difficile leur incombe. *Investis de la confiance de leurs patrons, ils agissent presque toujours d'après leurs propres lumières.*

D'ailleurs, nous apportons à l'appui de notre dire les témoignages les plus compétents et les plus désintéressés :

« Quand l'employé de l'Enregistrement veut per-

cevoir un droit, dit M. Troplong, dans la *Gazette
des Tribunaux* du 20 juillet 1830, il faut, presque,
qu'il se fasse docteur ès-loi, afin de pénétrer dans
l'infinie variété de la vie civile ; de discerner d'un
œil exercé leur caractère propre et de baser sur cette
reconnaissance la redevance due à l'État, de saisir
enfin, aux détours d'un article du code et sous un
masque habile, les inventions de la fraude si féconde
en faux-fuyants pour dérober au fisc la part réclamée
par l'intérêt public. »

« Le jeu de la loi du 22 frimaire an VII a donc
cela d'attachant, pour qui sait en étudier les ressorts,
qu'il place, sur le champ, l'esprit au milieu des dif-
ficultés les plus ardues de la jurisprudence. Quelque
grande que soit une question en elle-même, il est
rare qu'elle ne grandisse pas ici par quelque com-
plication nouvelle. Le fisc fait parler ses priviléges ;
il insiste sur l'intérêt général dont il est le fidèle
gardien ; il va découvrir dans l'arsenal des lois spéciales, des exceptions qui limitent pour lui la règle
habituelle. Alors surgissent les aperçus inopinés ; les
doctrines revêtent un caractère d'anomalie et d'ori-
ginalité ; l'horizon des distinctions s'étend ; enfin une
science naît dans la science même, avec ses prin-
cipes propres, sa jurisprudence, ses antécédents et
son histoire. »

« Quand la Chambre saura, ajoute le Répertoire périodique de Garnier, n° 4063, tout ce qu'il
faut de dévouement pour remplir les fonctions aujourd'hui si délicates confiées à l'Administration de

l'Enregistrement, la cause du service sera gagnée. On ne pourra plus hésiter à élever la situation matérielle des agents au niveau de leurs besoins. »

Après avoir emprunté le témoignage de ces deux hommes éminemment remarquables, nous puisons ce qui suit dans l'exposé des motifs de la proposition de loi relative à la réunion des lois se rattachant à l'Enregistrement (séance du 15 mai 1875) :

« Il existe 210 lois, décrets, etc., non compris les lois votées depuis 1874. »

« Il faut ajouter 2,500 instructions administratives. »

« C'est déjà une tâche bien difficile que d'arriver à posséder une législation composée d'autant d'éléments ; et cependant ce n'est là qu'une partie du travail et des connaissances qu'on exige du receveur de l'Enregistrement. Il doit aussi posséder nos Codes, car c'est au cœur de nos Codes que se meuvent les droits d'enregistrement. Puis vient l'application des milliers d'actes à méditer pour rechercher les intentions qui se cachent souvent sous les artifices de la rédaction ; des droits parfois multiples pour chaque acte : à déterminer, à liquider, à justifier ; enfin le travail matériel, travail écrasant, car la bureaucratie ne perd jamais ses droits. »

Nous pourrions encore faire de nombreuses citations ; mais nous considérons que ce serait superflu. D'ailleurs, qui n'a encore présentes à la mémoire les paroles prononcées à l'Assemblée nationale (séance du 6 mai 1872) par le rapporteur de l'article 2 du nouveau projet de loi de la Commission de réorganisation de la magistrature ?

Les éloges qui précèdent sont incontestablement à l'adresse des receveurs de l'Enregistrement. *Nous ne le nions point.* **Mais qui donc pourrait soutenir de bonne foi que ces éloges ne rejaillissent pas d'une façon absolue sur leurs collaborateurs ?**

Cependant, l'*Administration*, qui se désintéresse si complétement de la situation qui est faite aux commis de l'Enregistrement, *est la première à* **profiter de leur travail.**

En effet, *il est avéré que leurs services lui sont très-utiles, indispensables même, tant pour la perception de l'impôt que pour la répression de la fraude. On en trouve la preuve :*

1° Dans les instructions qu'elle donne aux employés supérieurs qu'elle envoie en vérification dans les bureaux.

« Ces agents doivent s'expliquer dans leurs rapports sur le travail et la capacité des commis. »

Et 2° **Dans le parti qu'elle a pris de n'accorder de congé au receveur qui dispose d'un commis, qu'à la condition que celui-ci restera au bureau pendant la durée de l'intérim du surnuméraire.** (Répertoire périodique de Garnier, n° 4088).

M. Garnier soutient donc avec raison dans ce numéro : « Que tout le monde souffre de la perturbation que jette le départ d'un commis. Le Trésor, qui a un intérêt budgétaire sérieux en cause, les notaires et le public, qui désirent la prompte expédition des affaires, le receveur qui plie sous le faix d'un travail écrasant, enfin les commis eux-mêmes, qu'on ne peut retenir qu'en améliorant leur situation. »

Et il ajoute :

« Il faut donc, **au nom de l'intérêt de l'Etat et du public,** *que l'Administration intervienne* et qu'elle fasse des commis, des préposés relevant d'elle, salariés par elle, ayant un avancement normal et une retraite proportionnelle à leur traitement. »

« *On leur assurera ainsi une honorabilité qu'ils* **méritent par leurs connaissances et leur assiduité au travail,** et on les soustraira en même temps à l'action directe du receveur, ce qui les relèvera à leurs propres yeux et à ceux du public. »

L'organisation officielle des commis de l'Enregistrement, préconisée par M. Garnier, a déjà ému, vers 1863, l'administration. Mais tout porte à croire qu'elle a renoncé depuis longtemps à l'étude de ce projet.

Toutefois, *nous devons reconnaître que c'est à sa* **munificence** *que nous devons la création,* par arrêté ministériel du 19 avril 1865, de **quatre-vingt-douze emplois de garde-magasin-contrôleur de comptabilité.**

Les commis âgés de moins de 30 ans sont admissibles à concourir pour ces emplois ; *mais ceux qui ont dépassé cette limite, auraient-ils quinze années de services,* **en sont exclus.**

En outre, comme il n'y a jamais eu de porté à leur connaissance ou à celle de leurs patrons qu'*un seul concours,* celui de 1867, remontant à l'époque de la création de l'emploi ; lorsqu'il se produit une vacance, ce qui est excessivement rare, **la préférence est généralement donnée au receveur qui demande cet emploi et renonce à son bureau, on ne saurait trop dire pourquoi.**

D'autres fois, *ce sont des protégés qui ont le privilége d'être promus sans concourir, contrairement à l'arrêté du* 19 *avril* 1865. Seuls, les commis de comptabilité des directeurs, en exercice au moment de la création de l'emploi, pouvaient jouir de cette faveur (Instruction n° 2313).

Quoi qu'il en soit, nous ne pensons pas que cette création ait dû beaucoup **obérer** les finances de l'Etat ; attendu qu'elle a permis de **supprimer l'emploi de receveur-garde-magasin du timbre,** qui existait dans chaque chef-lieu de département, et *qui était de beaucoup mieux rétribué que celui qu'on lui a substitué.*

L'Administration, qui a dû alors réaliser une certaine économie sur ses frais de perception, pourrait-elle faire quelque chose pour les commis ?

Nous ne sommes pas très-autorisés pour le démontrer ; cependant, quelles que soient les lourdes charges qui grèvent le budget, nous allons l'essayer.

La loi du 9 juin 1853, sur les pensions civiles, porte, (titre II, article 3, § 6,) que les agents ressortissant du Ministère des finances, qui sont rétribués par des salaires ou remises variables, supportent une retenue de cinq pour cent sur les sommes payées à titre de traitement fixe ou variable, sur les trois quarts seulement de leurs émoluments de toute nature ; le dernier quart étant considéré comme indemnité de loyer et de frais de bureau.

Or, les remises prélevées par les receveurs des quatre premières classes, qui, seuls, ont besoin de collaborateurs, peuvent se chiffrer annuellement, si l'on se base sur l'Annuaire de l'Enregistrement, par. 10.500.000 »

Le quart pour la part représentative de l'indemnité de loyer et de frais de bureaux est de. . . . . . . 2.625.000 »

Déduisant de ce quart la dépense approximative des frais de chauffage et de location du local affecté aux bureaux, qui demeurerait à la charge des receveurs, soit. . . . . 425.000 »

Il resterait disponible pour salarier les commis. . . . . 2.200.000 »

Mais, comme l'organisation officielle de la collaboration des commis dans 2,153 bureaux entraînerait une dépense d'environ. . . . . . . 2.800.000 »

L'Etat devrait nécessairement contribuer dans cette dépense pour 600.000 »

***

C'est là, sans doute, un sacrifice. Mais nous estimons que ce sacrifice ne lui serait pas onéreux ; nous sommes persuadés, au contraire, que les avantages qu'il recueillerait de cette nouvelle organisation compenseraient largement cette dépense.

L'Administration, chargée de veiller à la prospérité de l'impôt, n'a pas cru devoir, jusqu'à ce jour, demander le crédit nécessaire **pour salarier un personnel qui lui est utile.** NOUS DIRONS MÊME INDISPENSABLE, depuis que la création des impôts nouveaux, a augmenté le travail des bureaux à un tel point que la surcharge dépasse aujourd'hui les forces des préposés.

On remarque, d'ailleurs, dans le tableau (1) publié récemment par le Ministère des finances dans son Bulletin statistique, que, *systématiquement*, l'Administration de l'Enregistrement *diminue* son taux de perception au fur et à mesure que ses recettes *augmentent*.

Ainsi, en 1820, son taux de perception était de six pour cent, alors que le chiffre de ses recettes ne s'élevait qu'à 163,957,154 fr. Depuis il est descendu graduellement de près de 2/3 ; ce qui fait qu'en l'année 1876, pour 685,457,373 fr. de recettes, il n'était plus que de **deux francs quarante-neuf centimes par cent.**

---

(1) Ce tableau est entièrement inséré dans l'original de la pétition.

D'autre part, d'après la Direction de la comptabi-lité publique (1), voici quel a été pour 1876, le taux de perception des impôts, pour chacune des grandes administrations financières de l'Etat, sur l'ensemble des recettes :

Contributions Directes. . . . .   3,70 %
Enregistrement. . . . .   2,49 %
Douanes. . . . .   10,23 %
Forêts. . . . .   12,09 %
Contributions Indirectes. . . . . . .   3,65 %
Postes. . . . .   33,80 %
Télégraphes . . . .   91,11 %

La brutalité de ces derniers chiffres démontre :

1° Que la moyenne des frais de perception sur l'ensemble des recettes s'élève à 5,91 % ;

2° Que l'administration de l'Enregistrement ne prélève que la somme relativement minime de 2,49 % ;

Et 3° qu'enfin elle *est la moins onéreuse* pour l'Etat.

Il est donc évident que si, à l'exemple des admi-nistrations des Contributions Indirectes, des Doua-nes, des Postes, des Télégraphes, etc.., qui sont aussi paternelles pour leurs petits employés que pour leurs grands, l'Administration de l'Enregistrement augmentait le nombre de ses agents, puisque son

---

(1) Son travail est entièrement inséré dans l'original de la pétition.

personnel est insuffisant, *elle ne pourrait pas tirer vanité de ce qu'elle ne prélève pas même la moitié de cette moyenne.*

Sans doute, **il doit lui être doux de s'entendre dire qu'avec ses préposés d'élite elle coûte moins cher que les autres, dont le personnel est moins instruit que le sien. Mais elle serait bien plus flattée, croyons-nous, si l'on ne disait pas que 3,000 employés, contribuant par leur zèle et leurs connaissances à l'augmentation de ses produits,** SONT JOURNELLEMENT EXPOSÉS, PAR SUITE DE SON ABANDON, A ETRE POURSUIVIS COMME VAGABONDS OU MENDIANTS!

Il nous est agréable de croire qu'elle finira par comprendre que cet état de choses est aussi préjudiciable aux intérêts de l'Etat, qu'il est inhumain envers les commis, et qu'elle s'empressera d'y porter remède en s'associant à nos vœux.

RÉSUMÉ

De ce qui précède il résulte :

1° Que les commis de l'Enregistrement embrassent cette profession parce qu'on **leur laisse ignorer les conséquences qu'elle entraîne ;**

2° **Qu'on exige d'eux des connaissances et des services dont l'administration tire un profit ;**

3° Qu'en échange de ces services et comme récompense, **on en fait des employés nomades dans toute** l'acception du mot ;

4° Que jusqu'à ce jour **il n'a encore rien été fait, soit pour améliorer leur situation, soit enfin pour leur assurer un avenir ;**

Et 5° qu'enfin la situation à laquelle ils aspirent pourrait leur être faite **sans grands inconvénients pour l'équilibre budgétaire.**

En conséquence,

Nous avons l'honneur,

MONSIEUR LE PRÉSIDENT,

MESSIEURS LES DÉPUTÉS,

De vous exprimer très-respectueusement le désir que nous avons de voir les commis de l'Enregistrement faire partie de l'administration, si les ressources du budget le permettent, comme nous le croyons.

Nous vous prions, s'il en est autrement, d'examiner

si, en échange de leurs services, on ne peut pas les faire bénéficier des dispositions des Ordonnances du 23 décembre 1844 et 9 décembre 1845, réglant les conditions d'admission aux emplois de Percepteurs.

Une circulaire de Monsieur le Ministre des finances aux Préfets, en date du 18 décembre 1845, ayant rendu ces ordonnances applicables aux *employés des Préfectures, des sous Préfectures, des Recettes générales et particulières,* DONT LE TRAVAIL, **non salarié par l'Etat,** N'EST NI PLUS PÉNIBLE NI PLUS DIFFICILE QUE CELUI DES COMMIS DE L'ENREGISTREMENT, nous nourrissons le doux espoir que vous voudrez bien étendre cette faveur à ces derniers.

Si, cependant, vous jugiez que leurs services ne *méritent pas une telle marque de bienveillance,* nous vous supplions, *dans l'intérêt général,* de vouloir bien décider *qu'à l'avenir* les receveurs de l'Enregistrement SERONT TENUS DE FAIRE CONNAITRE AUX COMMIS QU'ILS EMPLOIERONT, OU A LEURS PARENTS, S'ILS SONT MINEURS, LES INCONVENIENTS ET LES DANGERS INHÉRENTS A LA PROFESSION DE COMMIS DE L'ENREGISTREMENT.

C'est le seul moyen de **Mettre un terme à l'exploitation dont les personnes aveugles ou trop crédules peuvent encore être l'objet.**

Au surplus, une circulaire du 19 janvier 1830, prescrit cette formalité aux directeurs envers les postulants surnuméraires, et nous ne voyons pas,

en équité, POURQUOI CETTE PROTECTION MANQUERAIT AUX MALHEUREUX, TANDIS QU'ELLE EST ACCORDÉE AUX PERSONNES AISÉES POUR NE PAS DIRE RICHES.

Confiants dans l'œuvre de justice et de réparation que vous poursuivez avec tant de dévouement,

Daignez agréer,

Monsieur le Président,

Messieurs les Députés,

l'hommage du plus profond respect, de vos dévoués serviteurs.

Flavier, commis à Sévres, 19 ans de services.

Bachet, à St.-Cloud, 26 ans de services. *(Refusé comme n'étant plus assez actif)*.

Poulard, commis au 11ᵐᵉ bureau des huissiers à Paris, 6 ans des services.

Lelarge, commis au 1ᵉʳ bureau des huissiers à Paris, 1 an de service.

Jouisse, commis au 11ᵉ bureau des huissiers à Paris, 4 ans de services.

Devaux, commis au 1ᵉʳ bureau des huissiers à Paris, 5 ans de services.

Royole, commis au 4ᵉ bureau des notaires à Paris, 9 ans de services.

Lallement, commis au 1ᵉʳ bureau des notaires à Paris, 13 ans de services.

Duret, commis au bureau de l'assistance judiciaire et des prud'hommes à Paris, 17 ans de services.

Aubey, commis à Courbevoie, 4 ans de services.

Lamotte, commis au bureau des successions à Versailles, 5 ans de services.

Thierry, commis au bureau des actes civils à Versailles, 3 ans de services.

Aubert, commis au bureau des domaines à Versailles, 3 ans de services.

Larchevêque, commis au bureau des actes judiciaires à Versailles, 2 ans de services.

Rouget, à Paris (*Remercié à Sèvres pour cause de maladie*), 9 ans de services.

Gamecin, commis au 20e bureau des huissiers à Paris, 12 ans de services.

Liard, commis à Rambouillet, 13 ans de services.

Avril, commis à Boissy-Saint-Léger, 4 ans de services.

Bryon, commis au 16e bureau des huissiers à Paris, 2 ans de services.

Ruel, commis au bureau des actes civils à Pontoise, 9 ans de services.

Touzelin, commis à Sceaux, 22 ans de services.

Tribalot, commis au 5e bureau des notaires à Paris, 4 ans de services.

Vernesse, commis au 6e bureau des notaires à Paris, 10 ans de services.

Pouget, commis au bureau des actes civils à Melun, 12 ans de services.

Roussel, commis au 5e bureau des huissiers à Paris, 7 ans de services.

Bresson, commis au 1er bureau des successions à Paris, 26 ans de services.

Pitois, commis au 3e bureau des successions à Paris, 30 ans de services.

Villain, commis au 6e bureau des successions à Paris, 9 ans de services.

Fauconnet, commis au 5e bureau des successions à Paris, 14 ans de services.

Lothou, commis à Villejuif, 16 ans de services.

Rességuier, cemmis au 8e bureau des notaires à Paris, 6 ans de services.

Lepont, commis au 18e bureau des huissiers à Paris, 22 ans de services.

Bachellery, commis au 1er bureau des actes du Tribunal civil à Paris, 15 ans de services.

Jaillot, commis au 3e bureau des actes du Tribunal civil à Paris, 6 ans de services.

Leclercq, commis au 4e bureau des actes du Tribunal civil et de police correctionnelle à Paris, 6 ans de services.

Sincère, commis à Etampes, 4 ans de services.

Forge, commis au 2e bureau des actes d'huissiers, à Paris, 18 ans de services.

Couarraze, commis au 1er bureau des actes du Tribunal de commerce, à Paris, 17 ans de services.

Texier, commis au bureau des successions à Saint-Germain-en-Laye, 10 ans de services.

Poignant, à Saint-Germain (*disponible par la retraite de son patron*), 14 ans de services.

Grelet, commis au bureau de la Cour d'appel à Paris, 7 ans de services.

Toutain, commis au 2e bureau des actes du Tribunal de commerce à Paris, *chevalier de la Légion d'honneur*.

Dubois, commis au 1er bureau des actes du Tribunal de commerce à Paris, 19 ans de services (*médailles de Crimée et de sauvetage*).

Volais, commis au bureau des Actes administratifs à Paris, 10 ans de services.

Huneau, commis au 12e bureau des notaires à Paris, 12 ans de services.

Leduc, commis à Charenton, 11 ans de services.

Jouin, commis au 7e bureau des notaires à Paris, 21 ans de services.

Hamon, commis au 3e bureau des huissiers à Paris, 11 ans de services.

Lapeyronie, commis au 2e bureau des successions à Paris, 20 ans de services.

Rollet, commis au 8e bureau des successions à Paris, 15 ans de services.

Thory, commis au 9e bureau des huissiers à Paris, 7 ans de services.

Lenoir, commis au 9e bureau des huissiers à Paris, 3 ans de services.

Foucher, commis au 9e bureau des successions à Paris, 15 ans de services.

Gacon, commis au bureau du Timbre à Paris, 4 ans de services.

Novembre 1878.

HISTOIRE D'UN DÉCLASSÉ.

Un jour, un receveur de l'Enregistrement de Nîmes (Gard), étant à la chasse, remarque dans un champ, un homme et un gamin de 14 ans, qui bêchaient la terre. Ayant reconnu le gamin pour l'avoir vu passer maintes fois sous ses fenêtres, lorsqu'il allait ou revenait de l'école, il s'arrête et interpelle l'homme :

« Etes-vous le père de cet enfant? demanda-t-il.

« Oui, Monsieur, répond l'homme en saluant.

« Qu'est-ce que vous en faites? Envoyez-le moi. Je suis receveur de l'Enregistrement; je le ferai travailler à mon bureau et, dans deux ans environ, lorsqu'il commencera à être au courant, je lui donnerai 80 francs par mois et l'augmenterai au fur et à mesure que son instruction se complètera. »

L'homme, croyant avoir trouvé une position superbe pour son enfant, accepte le marché, remercie le receveur et l'appelle son bienfaiteur.

Le lendemain, l'enfant était assis devant un bureau

travaillant avec ardeur pour acquérir les connaissances qui *doivent lui assurer un avenir*.

Le temps fixé pour son apprentissage n'est pas encore expiré. Mais, par suite de la mise à la retraite de son patron, qni est remplacé par un receveur qui a amené avec lui un employé, il se trouve cependant sur le pavé.

Il frappe alors à toutes les portes pour demander un emploi qu'il ne trouvera nulle part. Partout où il se présente, on lui répond, invariablement, que les connaissances spéciales qu'il possède ne peuvent être utilisées que dans un bureau d'Enregistrement.

Que faire? trop âgé maintenant pour entrer dans un atelier apprendre un métier, il doit se résoudre à rester commis d'Enregistrement; mais, au moment où il prend cette résolution, il voit s'envoler un à un tous les rêves d'avenir et de bonheur qu'il a faits; il doit dire adieu, adieu pour toujours, sans espoir de les revoir jamais, à ses parents, à ses amis, à sa ville natale, à ses plus chères espérances!...

Le sort en est jeté, il restera commis...

Pour se replacer, il fait insérer une demande d'emploi dans le Répertoire périodique de Garnier (il se publie à Paris du 1er au 15 de chaque mois), et, six semaines après, sa demande est agréée par le receveur de Besançon (Doubs). Son père, qui n'est pas heureux, ne pouvant pas lui donner l'argent nécessaire à son voyage, il est bien en peine, pour faire les 700 kilomètres de chemin de fer qui le séparent de cette ville; mais, grâce à l'intervention d'une personne compatissante qui lui prête cinquante francs, il est tiré d'embarras. Il part.

En arrivant à Besançon, sa bourse est déjà presque vide ; il est obligé de faire un emprunt à son nouveau patron, qui le regarde avec un air de suspicion peu encourageant pour l'avenir. Bref, il se tire d'affaire : cela ne lui a coûté que des privations...

Quelque temps après, son patron tombe malade et meurt. Le receveur qui est appelé à le remplacer, ayant une nombreuse famille à élever, ne parvient qu'avec la plus grande parcimonie à se suffire. Pour économiser sur les frais de collaboration, il se propose de travailler beaucoup lui-même, ce qui lui permettra de se passer d'un commis expérimenté qui lui coûterait 1,200 francs. Il se contentera d'un employé moins habile qui, vivant chez ses parents, n'exigera pas plus de 700 ou 800 francs.

Le pauvre commis, qui ne vivait déjà qu'avec beaucoup de peine avec ses 100 francs par mois, se voit dans l'impossibilité de pourvoir à sa subsistance avec une réduction mensuelle de 16 fr. 67 c. Il est donc de nouveau dans la nécessité de chercher un autre emploi.

Enfin, à quelque chose le malheur est bon.

Le receveur de Nantes (Loire-Inférieure), qui a vu sa demande dans le Recueil de Garnier, lui offre 1,800 francs par an de son travail. Il accepte avec empressement, bien entendu, et se met en route, tout rayonnant de joie et de bonheur, persuadé qu'il ne pourra jamais, quelle que soit sa prodigalité, dévorer 150 francs par mois.

Le malheureux oublie que l'épée de Damoclès est et doit toujours rester suspendue sur sa tête.

En effet, peu de mois à peine après son arrivée à Nantes, il tombe malade. Son patron, quoique vivement contrarié de ce contre-temps (plus contrarié, peut-être, que le malade lui-même, à cause de son travail qui va se trouver en retard), se contente de faire la grimace, espérant que ce ne sera qu'une légère indisposition. Mais le médecin ayant déclaré, quelques jours après, que la maladie était grave, voilà un receveur au désespoir, perdant la tête, s'arrachant les cheveux et demandant un commis à tous les échos des alentours. Enfin, en ayant trouvé un, il vole, plutôt qu'il ne court chez son ancien, toujours alité, et lui annonce que les exigences du bureau l'ont mis dans la nécessité de le remplacer.

Que faire ?

Pendant sa maladie, le pauvre diable a fait des dettes et, quand il recouvre la santé, il est dénué de toutes ressources.

Il entre à peine en convalescence qu'il doit déjà s'occuper d'un emploi, s'il ne veut pas s'exposer à mourir de faim !

Ayant eu de nouveau recours à son sauveur, le recueil de Garnier, il reçoit deux lettres ; mais le malheur qui le poursuit toujours, qui ne le lâche pas, fait qu'elles émanent l'une du receveur de Toulon (Var) et l'autre de celui de Bordeaux (Gironde).

L'infortuné, qui ne possède plus un centime, est bien en peine pour aller soit dans l'une soit dans l'autre de ces villes.

Il fait part de son embarras au receveur de Bordeaux, et il le prie de lui avancer les frais de voyage dont il se remboursera au moyen d'une retenue mensuelle ; mais celui-ci ne lui répond plus.

Il s'adresse alors à celui de Toulon, qui, sans doute, plus pressé de travail que son collégue, lui envoie les fonds demandés.

Enfin ! il a l'essentiel : l'argent. Il va à Toulon.

Treize années se sont déjà écoulées depuis son départ de Nantes. A Toulon, où il est encore, il s'y est créé quelques relations qui lui font espérer qu'il trouvera, un jour ou l'autre, à se placer avantageusement dans une maison de commerce. De plus, il s'y est marié avec la fille d'un ouvrier de l'arsenal qui lui a donné trois enfants : deux robustes garçons, l'un de 12 et l'autre de 4 ans, et une charmante petite fille de 6 ans.

En ce moment il est aussi heureux qu'on peut l'être, lorsqu'on est cinq pour vivre et se loger avec cinq francs par jour.

Soudain, l'avenir qui semblait lui sourire devient menaçant pour lui et les siens ; son horizon lui apparaît plus sombre que jamais et il se sent fatalement entraîné vers de nouvelles infortunes !

Pourquoi ces craintes ? Hier encore ne se réjouissait-il pas de la vie ?

Hier, oui ; aujourd'hui, non.

Voici la raison de ce changement :

Son patron vient d'être nommé à Lyon, en remplacement d'un receveur mis à la retraite. En le lui annonçant il l'a remercié de ses services, parce que le commis qui est à Lyon lui a écrit que sa femme tenait un petit établissement dont les bénéfices lui permettaient de se montrer moins exigeant.

Quel est donc le receveur qui ne saisit pas une aussi belle occasion de diminuer ses frais de bureaux ?

Quant au malheureux commis, c'est en vain qu'il a offert sa collaboration au nouveau receveur de Toulon, qui vient de Valenciennes, ainsi qu'à celui qui va le remplacer dans cette ville.

Le premier lui répond qu'il a traité la veille et l'autre lui écrit qu'il a déjà entamé des pourparlers avec un employé et, que, vraisemblablement, ces pourparlers aboutiront.

Le voilà donc encore une fois aux prises avec l'adversité ; en lutte désespérée contre la faim !..

Après deux mois de souffrances, il trouve cependant un nouvel emploi ; mais, comme toujours, fort loin.

Cette fois, c'est à Grenoble (Isère) qu'il doit aller.

Comme, avec sa nombreuse famille, il n'a pas pu faire la moindre économie, il est à bout de ressources.

Il fait vendre aux enchères ses quelques meubles

pour en trouver ; mais le produit suffit à peine à payer ses frais de voyage, ainsi que ceux de sa femme et de ses enfants. Enfin !...

En arrivant à Grenoble, il est obligé de se loger, avec sa famille, dans un hôtel garni qui épuise bien vite les quelques francs qui lui restent en poche. Il se trouve donc aussitôt plongé dans la plus grande misère !

Bref, le malheureux commis, après avoir eu tous les inconvénients qui résultent du déplacement des fonctionnaires de l'État, sans avoir eu aucun de leurs avantages ; après avoir traîné toute sa vie de bureau en bureau, de canton en canton, de ville en ville, comme un vagabond, arrive toujours à être usé, vieilli avant l'âge, par le travail et les privations, et il se voit alors refuser jusqu'à l'accès des bureaux, sous prétexte qu'il n'est plus assez actif !...

Dans son désespoir il s'écrie :

Si le personnel de l'administration de l'Enregistrement est insuffisant pour assurer le service des bureaux, qu'on crée de nouveaux agents ; mais qu'on ne fasse pas des martyrs des commis que les receveurs attirent dans leurs bureaux, pour se décharger sur eux de leur travail !...

Et tous ses camarades s'en font l'écho.

Novembre 1878.

Paris. — Imp. A. REIFF, 9, place du Collége de France, 9.

9 782013 396561